Für Sabine Kilb, eine der besten Lehrerinnen, die ich kenne

Jana Frey

Jetzt bin ich groß – die Schule geht los

Illustrationen von Betina Gotzen-Beek

Bibliografische Information Der Deutschen Bibliothek
Die Deutsche Bibliothek verzeichnet diese Publikation in der
Deutschen Nationalbibliografie; detaillierte bibliografische Daten
sind im Internet über *http://dnb.ddb.de* abrufbar.

Der Umwelt zuliebe ist dieses Buch auf chlorfrei gebleichtem Papier gedruckt.

ISBN 3-7855-4935-0 – 1. Auflage 2004
© 2004 Loewe Verlag GmbH, Bindlach
Umschlagillustration: Betina Gotzen-Beek
Umschlaggestaltung: Barbara Weishaupt
Redaktion: Rebecca Schmalz
Gesamtherstellung: Officine Grafiche Novara 1901
Printed in Italy

www.loewe-verlag.de

Inhalt

Die Zwillinge 8
Im Kindergarten 10
Schulranzen kaufen 12
Der letzte Tag im Kindergarten 14
Der erste Schultag 16
Im Klassenzimmer 18
Verlaufen 20
Im Unterricht 22
In der Schule ist es schön! 24
Nachwort 26

Die Zwillinge

Emilia und Emil sind Zwillinge und schon ziemlich groß: Sie sind sechs Jahre und zwei Monate alt, und eine Zahnlücke haben sie auch. Das haben nur die größten Kinder im Kindergarten. Eigentlich gehen die Zwillinge sehr gerne in ihren Kindergarten. Dort wohnen im Garten vier strubbelige Kaninchen, und eine Ritterburg aus Holz gibt es auch. Aber seit heute ist alles anders.

Denn Tante Heike ist zu Besuch gekommen. Mit Gustav, ihrem Sohn. Gustav ist schon sieben und geht in die Schule. „Pah, ihr beiden könnt ja noch kein bisschen schreiben", sagt er und schreibt schnell eine Menge Buchstaben auf Emilias Zeichenblock.
„Wohl können wir schreiben", sagt Emilia wütend und reißt Gustav den Buntstift aus der Hand. Und dann malt sie ein großes A und ein E neben Gustavs Buchstaben. „Phh, Krakelschrift!", sagt Gustav achselzuckend. Emil und Emilia schauen sich empört an.
„Das ist, weil ihr nur Kindergartenkinder seid − und keine Schulkinder!", erklärt Gustav und lässt die Zwillinge einfach stehen.

Im Kindergarten

„Wir wollen auch endlich in die Schule gehen", sagt Emil am nächsten Morgen beim Frühstück und bohrt ärgerlich ein Loch in sein Käsebrot. Mama nickt. „Nach den Sommerferien ist es ja schon so weit", meint sie. Und dann sagt sie noch, dass Käsebrote zum Essen da sind und nicht zum Durchlöchern. Und dann ist es Zeit, zum Kindergarten zu fahren. „Ich habe aber keine Lust auf den blöden Kindergarten", knurrt Emil. „Ich auch nicht", knurrt Emilia.

Im Kindergarten setzen sich die Zwillinge in den Ritterturm und machen sehr finstere Gesichter. „Aufgepasst!", ruft da Lieselotte, die Erzieherin. „Alle zukünftigen Schulkinder aus der Bären-Gruppe bauen ab heute einen neuen Kaninchenstall!"
Die Zwillinge staunen nicht schlecht, als sie das hören. Und dann zeigt Lieselotte ihnen, wie man Holz ausmisst und zersägt und zusammennagelt. Es ist eine Menge Arbeit, aber das ist gar nicht schlimm. „Gustav kann so was bestimmt nicht", sagt Emilia zu ihrem Bruder und ist plötzlich sehr zufrieden.

Schulranzen kaufen

Am Wochenende kommt Opa zu Besuch. Zuerst macht er nur ein sehr geheimnisvolles Gesicht, aber dann verrät er doch, was er vorhat.
„Heute gehen wir in die Stadt und kaufen Schulranzen", erklärt er den gespannten Zwillingen. Emil und Emilia jubeln. Sie können kaum noch abwarten, endlich loszugehen.
Im Geschäft weiß Emil sofort, welchen Ranzen er haben möchte.
„Den da!", sagt er und zeigt auf einen Ranzen mit vielen kleinen Drachen. Emilia dagegen steht unschlüssig da.
„Nimm doch auch einen Drachenranzen", sagt Emil. „Dann haben wir Zwillingsranzen."

Aber genau in diesem Moment entdeckt Emilia den schönsten Ranzen der Welt: einen Kaninchenranzen. Und, was das Beste ist: Die Kaninchen sehen fast genauso aus wie die Kindergarten-Kaninchen! „Den will ich!", sagt sie zu Opa, und mit dem Ranzen fühlt sie sich plötzlich sehr, sehr groß.
Den ganzen Heimweg dürfen die Zwillinge ihre neuen Ranzen auf dem Rücken behalten. Und in den Ranzen rumpeln schon die neuen Federmäppchen, was sich wirklich schön anhört.

Der letzte Tag im Kindergarten

Endlich ist der letzte Kindergartentag vor den großen Ferien gekommen. Es gibt ein richtiges Kindergartenfest für die Vorschulkinder. Außerdem ist der neue Kaninchenstall fertig, und alle Eltern sind zum Anschauen eingeladen worden. Der ganze Garten ist geschmückt, und so festlich wie heute sah der Kindergarten überhaupt noch nie aus.

Emil zeigt Mama und Papa stolz den Kaninchenstall und die Ritterburg. Emilia streichelt nachdenklich die Kaninchen und schaut zu den kleinen Kindern hinüber, die nach den Ferien wieder kommen dürfen. Langsam geht Emilia zu Lieselotte. „Vielleicht will ich doch noch nicht in die Schule", sagt sie leise. „Vielleicht will ich lieber noch ein bisschen hier bei dir bleiben." Lieselotte nimmt Emilia in den Arm. „Du hast doch Emil. Und du kannst uns ja ab und zu besuchen kommen", schlägt sie vor. „Nachmittags." – „Hmm", macht Emilia und fühlt sich plötzlich wieder ganz und gar wie ein Kindergartenkind. Und darum kuschelt sie sich erst einmal eine kleine Weile auf Lieselottes Schoß und lässt sich trösten.

Der erste Schultag

In den Ferien haben die Zwillinge schwimmen gelernt. Und Spagetti mit der Gabel aufwickeln. Und EMIL und EMILIA schreiben. Und MAMA und PAPA und OPA. „Eigentlich können wir jetzt schon fast alles Wichtige", sagt Emil zufrieden.
Und heute ist endlich der erste Schultag. Emil zieht Emilia hinter sich her in die große Turnhalle. So viele fremde Kinder sind hier! Aber die Erstklässler erkennt Emilia gleich: Sie haben alle bunte Schultüten – und natürlich ganz neue Schulranzen. Auf der geschmückten Bühne steht die Lehrerin und ruft die neuen Schulkinder zu sich. Emilia reißt die Augen auf. „Ich soll ganz alleine da hingehen?", fragt sie ängstlich.

Da wird auch schon ihr Name aufgerufen. „Oh nein, das mache ich nicht", flüstert Emilia entsetzt. „Los, wir gehen zusammen", meint Emil mutig.
Und so funktioniert es. Hand in Hand gehen die Zwillinge auf die Bühne und schütteln der neuen Lehrerin die Hand. Emilia atmet auf. Im Grunde war das Nach-vorne-Gehen gar nicht schlimm.
Und das Auf-der-Bühne-Stehen ist sogar sehr schön und gemütlich. Zum Schluss singen alle neuen Schulkinder ein Lied zusammen, und Emil und Emilia singen laut mit.

Im Klassenzimmer

Die neue Lehrerin hat natürlich einen Namen, aber den konnte sich Emil so schnell nicht merken. Sie zu fragen, traut er sich auch nicht, und Emilia sitzt zu weit weg, neben ihrer Kindergartenfreundin Zoe. In der Klasse ist es ziemlich laut. Emil stützt das Kinn in die Hände und sehnt sich ein bisschen nach der Ritterburg im Kindergarten zurück, in der man sich gemütlich verkriechen konnte, wenn man wollte. Aber plötzlich wird es ganz leise, denn die Lehrerin hat erlaubt, dass alle Kinder der Reihe nach an die Tafel gehen und dort mit Kreide etwas hinschreiben oder hinmalen dürfen. Aber nur, wenn es ganz leise im Klassenzimmer ist. Emilia schreibt ihren Namen. Und Emil malt einen kleinen Drachen. „Sehr gut", sagt die Lehrerin.

„Ich finde Frau Sommer nett", sagt Timo, der unbedingt neben Emil sitzen wollte, zufrieden. „Und du?" Emil nickt. Jetzt weiß er, wie die Lehrerin heißt. Frau Sommer teilt die Stundenpläne aus, auf denen steht, wann Rechenstunde und wann Schreibstunde und wann Spielstunde ist. Dann ist der erste Schultag zu Ende, und die Zwillinge stürmen nach Hause, um ihre Schultüten zu öffnen.

Verlaufen

Drei Tage gehen die Zwillinge jetzt zur Schule. Sie haben schon eine Menge gelernt. „Unsere Lehrerin heißt Frau Sommer", erzählt Emil Opa. „Und ich kann fast alle Namen von fast allen Kindern auswendig", fügt Emilia stolz hinzu. Aber etwas haben sie noch nicht gelernt: den Rückweg von der Toilette. Und darum verirren sich Emil und Emilia am nächsten Tag ein bisschen in den langen Fluren der Schule.

„Ich muss mal", sagt Emil in der Spielstunde. „Ich auch", sagt Emilia. „Dringend." – „Dann lauft rasch zur Toilette", antwortet Frau Sommer. Die Zwillinge sausen los. Der Hinweg klappt prima. Aber auf dem Rückweg gehen Emil und Emilia versehentlich in die falsche Richtung. „Hier sieht es falsch aus", sagt Emil plötzlich. Emilia muss an Lieselotte und den Kindergarten denken. Dort wusste sie genau den Weg zur Toilette und zurück!

Aber da kommt zum Glück gerade der Rektor vorbei. „Na, ihr beiden, habt ihr euch verlaufen?", fragt er freundlich. Die Zwillinge nicken verlegen. Aber der Rektor lächelt nur und bringt die beiden ruck, zuck zurück zu Frau Sommer. Und diesmal merken sich Emil und Emilia den Weg ganz genau.

Im Unterricht

Das Lesebuch ist das schönste von allen Schulbüchern, findet Emil. Noch schöner wäre es vielleicht, wenn darin ein paar Drachen abgebildet wären. Und ohne darüber nachzudenken, nimmt Emil einen Filzstift und malt einen kleinen grünen Drachen. Und dann noch einen und noch einen. Und noch viel mehr. „Emil, was machst du denn da?", ruft plötzlich Frau Sommer. Emil zuckt erschrocken zusammen. Er hat ganz vergessen, dass er in der Schule ist und in sein Heft schreiben soll.

„Du hast ja das ganze Buch bemalt!", meint Frau Sommer kopfschüttelnd.
„Ich glaube, er wollte das Buch nur ein bisschen schöner machen", kommt Emilia Emil zu Hilfe.
„Ach so", sagt Frau Sommer da. Und dann erlaubt sie allen Kindern, ihre Schreibhefte rund um das Geschriebene herum zu verschönern.
Mit allem, was ihnen gefällt. Nur eben in die Bücher sollen sie besser nicht hineinmalen. Klar, dass das Schreiben jetzt noch mehr Spaß macht. Emilia malt eine ganze Kaninchenfamilie auf ihr Blatt, und Emils größten Drachen hängt Frau Sommer sogar an die Wand.

In der Schule ist es schön!

Zehn Wochen sind vergangen, und heute ist ein besonderer Tag. Gleich nach der Schule kommt Tante Heike mit Gustav zu Besuch. „Jetzt können wir auch schon ziemlich gut schreiben", sagt Emilia zu Gustav. „SOMMER und SONNE und LILLI und BOBO BÄR und so was ..." „Pah!", murmelt Gustav. „Das kann ich doch alles längst." Da hat Emil genug. „Wir können übrigens auch Kaninchenställe bauen", sagt er zu dem Angeber Gustav. Die drei rennen gleich in den Garten, und die Zwillinge führen Gustav vor, wie es geht, einen Kaninchenstall zu bauen.

Bis zum Abend haben die drei zusammen einen prima Stall gebaut, und Mama und Papa versprechen, morgen zwei klitzekleine Kaninchen aus dem Kindergarten zu holen. Denn dort hat es gerade Kaninchennachwuchs gegeben.

Die Erzieherin freut sich, dass Emil und Emilia gekommen sind. Emilia schaut sich im Zimmer der Bären-Gruppe um. „Schön ist es hier", sagt sie zufrieden zu Lieselotte. „Aber in der Schule ist es fast noch schöner!" Und dann erzählen Emil und Emilia den Kindergartenkindern von ihrem Klassenzimmer, von Frau Sommer und den Rechenstunden. Vielleicht kommt die Bären-Gruppe ja bald mal zu Besuch. In die Schule zu Emil und Emilia.

Sicher zum Schulanfang

Liebe Eltern,

wenn Ihr Kind in die Schule kommt, beginnt eine neue Lebensphase, die es in seiner Entwicklung einen riesigen Schritt voranbringen wird. Kindergartenkinder fiebern aufgeregt ihrem Schuleintritt entgegen und können es gar nicht mehr erwarten, endlich ein „großes" Schulkind zu sein.
Um den Übertritt vom Kindergarten in die Schule zu erleichtern, hilft es, mit Ihrem Kind über seine Gedanken und Eindrücke zu reden. Lassen Sie es von seinen Erwartungen und Befürchtungen berichten, und geben Sie ihm das Gefühl, dass es die Schule meistern wird. Mit dem Schulbeginn verbunden ist natürlich auch der Abschied vom Kindergarten, das Verlassen einer vertrauten Umgebung und der Kindergartenfreunde. Auch wenn alles Neue zunächst spannend ist, muss sich Ihr Kind doch in einen noch ungewohnten Schulalltag einfinden.

Geben Sie ihm genug Zeit, in den neuen Alltag hineinzuwachsen und zu einem eigenen Lernrhythmus zu finden. Sie können Ihr Kind unterstützen, indem Sie ihm gut zuhören – wo braucht es noch Hilfe, und wo kann es eigenverantwortlich Problemlösungen finden?

Auf die kommende größere Selbstständigkeit kann Ihr Kind vorbereitet werden, indem Sie ihm kleinere Aufgaben anvertrauen, die es allein erledigt, wie zum Beispiel beim Bäcker um die Ecke Brot zu kaufen.

Noch bevor der Schulalltag beginnt, ist es jedoch für Eltern wichtig, auf ein paar praktische Details zu achten. Der Schulranzen beispielsweise sollte hochformatig sein, damit durch das Gewicht von Büchern und Heften keine dauerhaften Haltungsschäden verursacht werden. Helle Kleidung mit Katzenaugen und Leuchtstreifen verhindert, dass das Kind im Straßenverkehr übersehen wird. Sein Schulweg sollte mit Bedacht ausgewählt werden – und nach Möglichkeit größere Gefahrenzonen meiden. Vielleicht können Sie ja vor Schulantritt gemeinsam mit Ihrem Kind den Schulweg abgehen und mit ihm zusammen das richtige Verhalten an Gefahrenpunkten üben.

So wird der Schulstart für Ihr Kind und auch für Sie als Eltern mit Sicherheit zu einem gelungenen Ereignis!

Jana Frey

Jana Frey, geboren im April 1969 in Düsseldorf, fing schon als Fünfjährige mit dem Schreiben an. Unzählige dieser sehr frühen Werke hat sie sich aufgehoben. Und seit damals hat sie geschrieben und geschrieben und geschrieben. Sie schrieb zu Hause in Deutschland, aber auch in Amerika und Neuseeland, auf der anderen Seite der Weltkugel. Zwischendurch hat sie Literatur studiert und eine Familie gegründet. Sie veröffentlicht Kinder- und Jugendbücher und arbeitet auch fürs Fernsehen.

Betina Gotzen-Beek, geboren im Januar 1965 in Mönchengladbach, schlug beim Malen im Kindergarten alle Rekorde, später zu Hause musste die Wohnzimmertapete dran glauben. Nach vielen Reisen durch Europa studierte sie Malerei und Grafik-Design. Seit 1996 illustriert sie Kinderbücher und lebt mit Katz und Kater in Freiburg.

Klein sein ist gar nicht schwer ...

Manchmal ist Max wirklich unmöglich!

Er poltert durchs Haus, macht dabei Krach wie eine Rakete und bringt Mias Sachen durcheinander. Kein Wunder, dass Mia dann einfach losschimpfen muss. Doch wenn fiese fremde Kinder Streit suchen oder der Tantenbesuch unbedingt ein Küsschen will, steht für Mia fest: Große Schwestern müssen im Notfall auch kleine Brudermonster beschützen. Denn nicht nur beim Spielen macht Geschwister-Sein riesigen Spaß!

„Ich will keinen Kuss!", sagt Lotta selbstbewusst.

Lotta weiß, dass sie deutlich Nein sagen muss, wenn ihr etwas unangenehm ist oder Angst macht: Zum Beispiel, wenn sie lieber ungestört in der Badewanne plantschen mag. Und der Verkäufer im Zooladen darf Lotta natürlich auch nicht anfassen! Ein einfühlsames Bilderbuch zu einem brisanten Thema.

Nachts muss das Licht in Linas Zimmer unbedingt anbleiben!

Sie fürchtet sich nämlich ein bisschen im Dunkeln. Schade, dass es nicht immer hell sein kann! Dann würde Lina ganz und gar furchtlos in den Keller gehen und ohne Angst woanders übernachten. Doch es gibt nun einmal Tag und Nacht – zum Glück aber auch ganz viele Tricks, wie man die Furcht vor der Dunkelheit besiegen kann.

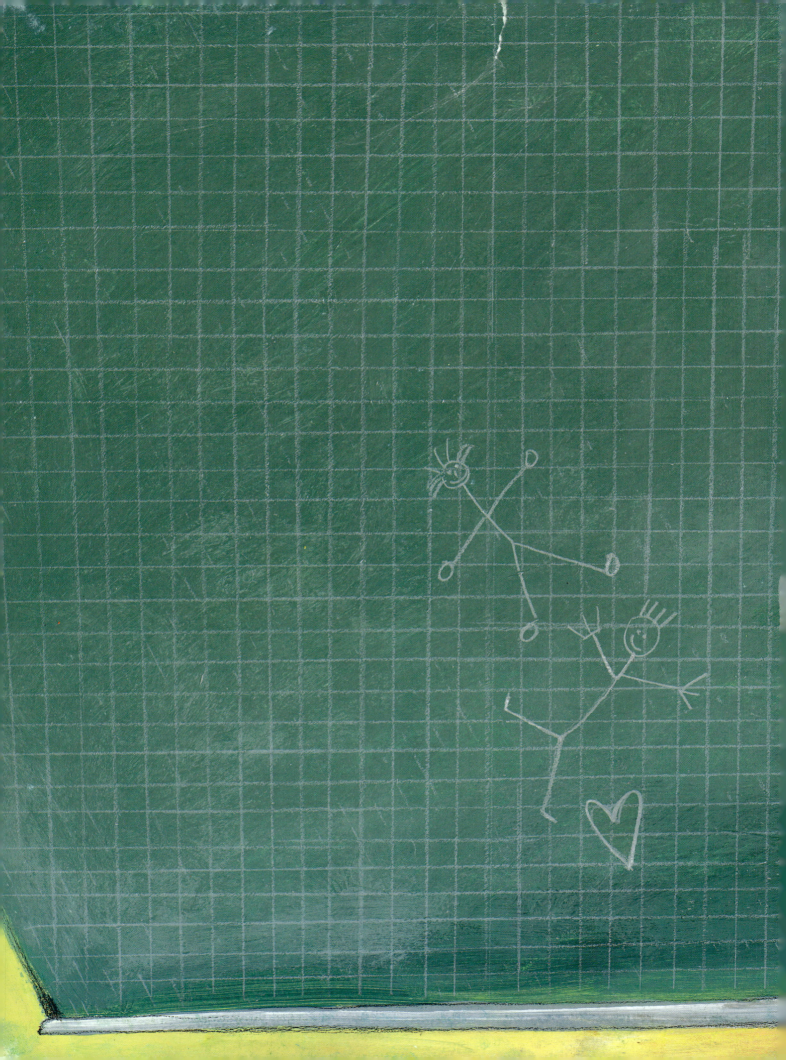